心一堂術數珍本古籍叢刊

書名：易占陽宅六十四卦秘斷【新修訂版】
系列：心一堂術數古籍珍本叢刊　占筮類　第一輯　3
作者：心一堂編
主編、責任編輯：陳劍聰
心一堂術數古籍珍本叢刊編校小組：陳劍聰　素聞　梁松盛　鄒偉才　虛白盧主

出版：心一堂有限公司
通訊地址：香港九龍旺角彌敦道六一〇號荷李活商業中心十八樓〇五一〇六室
深港讀者服務中心：中國深圳市羅湖區立新路六號羅湖商業大廈負一層〇〇八室
電話號碼：(852)67150840
網址：publish.sunyata.cc
電郵：sunyatabook@gmail.com
網店：http://book.sunyata.cc
淘寶店地址：https://shop210782774.taobao.com
微店地址：https://weidian.com/s/1212826297
臉書：https://www.facebook.com/sunyatabook
讀者論壇：http://bbs.sunyata.cc/

版次：二零一五年一月初版
平裝

港幣　九十八元正
定價：人民幣　九十八元正
新台幣　三百八十元正

國際書號：ISBN 978-988-8316-24-3

香港發行：香港聯合書刊物流有限公司
地址：香港新界大埔汀麗路36號中華商務印刷大廈3樓
電話號碼：(852)2150-2100
傳真號碼：(852)2407-3062
電郵：info@suplogistics.com.hk

台灣發行：秀威資訊科技股份有限公司
地址：台灣台北市內湖區瑞光路七十六巷六十五號一樓
電話號碼：+886-2-2796-3638
傳真號碼：+886-2-2796-1377
網絡書店：www.bodbooks.com.tw
台灣國家書店讀者服務中心：
地址：台灣台北市中山區松江路二〇九號一樓
電話號碼：+886-2-2518-0207
傳真號碼：+886-2-2518-0778
網絡書店：http://www.govbooks.com.tw

中國大陸發行　零售：深圳心一堂文化傳播有限公司
深圳地址：深圳市羅湖區立新路六號羅湖商業大廈負一層〇〇八室
電話號碼：(86)0755-82224934

心一堂微店二維碼

心一堂淘寶店二維碼

心一堂術數古籍 珍本 整理 叢刊 總序

術數定義

術數，大概可謂以「推算（推演）、預測人（個人、群體、國家等）、事、物、自然現象、時間、空間方位等規律及氣數，並或通過種種『方術』，從而達致趨吉避凶或某種特定目的」之知識體系和方法。

術數類別

我國術數的內容類別，歷代不盡相同，例如《漢書・藝文志》中載，漢代術數有六類：天文、曆譜、五行、蓍龜、雜占、形法。至清代《四庫全書》，術數類則有：數學、占候、相宅相墓、占卜、命書、相書、陰陽五行、雜技術等，其他如《後漢書・方術部》、《藝文類聚・方術部》、《太平御覽・方術部》等，對於術數的分類，皆有差異。古代多把天文、曆譜、及部分數學均歸入術數類，而民間流行亦視傳統醫學作為術數的一環；此外，有些術數與宗教中的方術亦往往難以分開。現代民間則常將各種術數歸納為五大類別：命、卜、相、醫、山，通稱「五術」。

本叢刊在《四庫全書》的分類基礎上，將術數分為九大類別：占筮、星命、相術、堪輿、選擇、三式、讖諱、理數（陰陽五行）、雜術（其他）。而未收天文、曆譜、算術、宗教方術、醫學。

術數思想與發展——從術到學，乃至合道

我國術數是由上古的占星、卜筮、形法等術發展下來的。其中卜筮之術，是歷經夏商周三代而通過「龜卜、蓍筮」得出卜（筮）辭的一種預測（吉凶成敗）術，之後歸納並結集成書，此即現傳之《易

經》。經過春秋戰國至秦漢之際，受到當時諸子百家的影響、儒家的推崇，遂有《易傳》等的出現，原本是卜筮術書的《易經》，被提升及解讀成有包涵「天地之道（理）」之學。因此，《易・繫辭傳》曰：「易與天地準，故能彌綸天地之道。」

漢代以後，易學中的陰陽學說，與五行、九宮、干支、氣運、災變、律曆、卦氣、讖緯、天人感應說等相結合，形成易學中象數系統。而其他原與《易經》本來沒有關係的術數，如占星、形法、選擇，亦漸漸以易理（象數學說）為依歸。《四庫全書・易類小序》云：「術數之興，多在秦漢以後。要其旨，不出乎陰陽五行，生尅制化。實皆《易》之支派，傅以雜說耳。」至此，術數可謂已由「術」發展成「學」。

及至宋代，術數理論與理學中的河圖洛書、太極圖、邵雍先天之學及皇極經世等學說給合，通過術數以演繹理學中「天地中有一太極，萬物中各有一太極」（《朱子語類》）的思想。術數理論不單已發展至十分成熟，而且也從其學理中衍生一些新的方法或理論，如《梅花易數》、《河洛理數》等。

在傳統上，術數功能往往不止於僅僅作為趨吉避凶的方術，及「能彌綸天地之道」的學問，亦有其「修心養性」的功能，「與道合一」（修道）的內涵。《素問・上古天真論》：「上古之人，其知道者，法於陰陽，和於術數。」數之意義，不單是外在的算數、歷數、氣數，而是與理學中同等的「道」、「理」--心性的功能，北宋理氣家邵雍對此多有發揮：「聖人之心，是亦數也」、「萬化萬事生乎心」、「心為太極」。《觀物外篇》：「先天之學，心法也。……蓋天地萬物之理，盡在其中矣，心一而不分，則能應萬物。」反過來說，宋代的術數理論，受到當時理學、佛道及宋易影響，認為心性本質上是等同天地之太極。天地萬物氣數規律，能通過內觀自心而有所感知，即是內心也已具備有術數的推演及預測、感知能力；相傳是邵雍所創之《梅花易數》，便是在這樣的背景下誕生。

《易・文言傳》已有「積善之家，必有餘慶；積不善之家，必有餘殃」之說，至漢代流行的災變說及讖緯說，我國數千年來都認為天災，異常天象（自然現象），皆與一國或一地的施政者失德有關；下至家族、個人之盛衰，也都與一族一人之德行修養有關。因此，我國術數中除了吉凶盛衰理數之外，人心的德行修養，也是趨吉避凶的一個關鍵因素。

術數與宗教、修道

在這種思想之下，我國術數不單只是附屬於巫術或宗教行為的方術，又往往是一種宗教的修煉手段--通過術數，以知陰陽，乃至合陰陽（道）。「其知道者，法於陰陽，和於術數。」例如，「奇門遁甲」術中，即分為「術奇門」與「法奇門」兩大類。「法奇門」中有大量道教中符籙、手印、存想、內煉的內容，是道教內丹外法的一種重要外法修煉體系。甚至在雷法一系的修煉上，亦大量應用了術數內容。此外，相術、堪輿術中也有修煉望氣（氣的形狀、顏色）的方法；堪輿家除了選擇陰陽宅之吉凶外，也有道教中選擇適合修道環境（法、財、侶、地中的地）的方法，以至通過堪輿術觀察天地山川陰陽之氣，亦成為領悟陰陽金丹大道的一途。

易學體系以外的術數與的少數民族的術數

我國術數中，也有不用或不全用易理作為其理論依據的，如揚雄的《太玄》、司馬光的《潛虛》。也有一些占卜法、雜術不屬於《易經》系統，不過對後世影響較少而已。

外來宗教及少數民族中也有不少雖受漢文化影響（如陰陽、五行、二十八宿等學說。）但仍自成系統的術數，如古代的西夏、突厥、吐魯番等占卜及星占術，藏族中有多種藏傳佛教占卜術、苯教占卜術、擇吉術、推命術、相術等；北方少數民族有薩滿教占卜術；不少少數民族如水族、白族、布朗族、佤族、彝族、苗族等，皆有占雞（卦）草卜、雞蛋卜等術，納西族的占星術、占卜術，彝族畢摩的推命術、占卜術……等等，都是屬於《易經》體系以外的術數。相對上，外國傳入的術數以及其理論，對我國術數影響更大。

曆法、推步術與外來術數的影響

我國的術數與曆法的關係非常緊密。早期的術數中，很多是利用星宿或星宿組合的位置（如某星在某州或某宮某度）付予某種吉凶意義，并據之以推演，例如歲星（木星）、月將（某月太陽所躔之宮次）等。不過，由於不同的古代曆法推步的誤差及歲差的問題，若干年後，其術數所用之星辰的位置，已與真實星辰的位置不一樣了；此如歲星（木星），早期的曆法及術數以十二年為一周期（以應地支），與木星真實周期十一點八六年，每幾十年便錯一宮。後來術家又設一「太歲」的假想星體來解決，是歲星運行的相反，週期亦剛好是十二年。而術數中的神煞，很多即是根據太歲的位置而定。又如六壬術中的「月將」，原是立春節氣後太陽躔娵訾之次而稱作「登明亥將」，至宋代，因歲差的關係，要到雨水節氣後太陽才躔娵訾之次，當時沈括提出了修正，但明清時六壬術中「月將」仍然沿用宋代沈括修正的起法沒有再修正。

由於以真實星象周期的推步術是非常繁複，而且古代星象推步術本身亦有不少誤差，大多數術數除依曆書保留了太陽（節氣）、太陰（月相）的簡單宮次計算外，漸漸形成根據干支、日月等的各自起例，以起出其他具有不同含義的眾多假想星象及神煞系統。唐宋以後，我國絕大部分術數都主要沿用這一系統，也出現了不少完全脫離真實星象的術數，如《子平術》、《紫微斗數》、《鐵版神數》等。後來就連一些利用真實星辰位置的術數，如《七政四餘術》及選擇法中的《天星選擇》，也已與假想星象及神煞混合而使用了。

隨着古代外國曆（推步）、術數的傳入，如唐代傳入的印度曆法及術數，元代傳入的回回曆等，其中我國占星術便吸收了印度占星術中羅睺星、計都星等而形成四餘星，又通過阿拉伯占星術而吸收了其中來自希臘、巴比倫占星術的黃道十二宮、四大（四元素）學說（地、水、火、風），並與我國傳統的二十八宿、五行說、神煞系統並存而形成《七政四餘術》。此外，一些術數中的北斗星名，不用我國傳統的星名：天樞、天璇、天璣、天權、玉衡、開陽、搖光，而是使用來自印度梵文所譯的：貪狼、巨門、祿存、文曲，廉貞、武曲、破軍等，此明顯是受到唐代從印度傳入的曆法及占星術所影響。如星命術中的《紫微斗數》及堪輿術中的《撼龍經》等文獻中，其星皆用印度譯名。及至清初《時憲曆》，置閏之法則改用西法「定氣」。清代以後的術數，又作過不少的調整。

此外，我國相術中的面相術、手相術，唐宋之際受印度相術影響頗大，至民國初年，又通過翻譯歐西、日本的相術書籍而大量吸收歐西相術的內容，形成了現代我國坊間流行的新式相術。

陰陽學——術數在古代、官方管理及外國的影響

術數在古代社會中一直扮演着一個非常重要的角色，影響層面不單只是某一階層、某一職業、某一年齡的人，而是上自帝王，下至普通百姓，從出生到死亡，不論是生活上的小事如洗髮、出行等，大事如建房、入伙、出兵等，從個人、家族以至國家，從天文、氣象、地理到人事、軍事，從民俗、學術到宗教，都離不開術數的應用。我國最晚在唐代開始，已把以上術數之學，稱作陰陽（學），行術數者稱陰陽人。（敦煌文書、斯四三二七唐《師師漫語話》：「以下說陰陽人謾語話」，此說法後來傳入日本，今日本人稱行術數者為「陰陽師」）。一直到了清末，欽天監中負責陰陽術數的官員中，以及民間術數之士，仍名陰陽生。

古代政府的中欽天監（司天監），除了負責天文、曆法、輿地之外，亦精通其他如星占、選擇、堪輿等術數，除在皇室人員及朝庭中應用外，也定期頒行日書、修定術數，使民間對於天文、日曆用事吉凶及使用其他術數時，有所依從。

我國古代政府對官方及民間陰陽學及陰陽官員，從其內容、人員的選拔、培訓、認證、考核、律法監管等，都有制度。至明清兩代，其制度更為完善、嚴格。

宋代官學之中，課程中已有陰陽學及其考試的內容。（宋徽宗崇寧三年〔一一零四年〕崇寧算學令：「諸學生習……並曆算、三式、天文書。」「諸試……三式即射覆及預占三日陰陽風雨。天文即預

定一月或一季分野災祥，並以依經備草合問為通。」

金代司天臺，從民間「草澤人」（即民間習術數人士）考試選拔：「其試之制，以《宣明曆》試推步，及《婚書》、《地理新書》試合婚、安葬，並《易》筮法，六壬課、三命、五星之術。」（《金史》卷五十一．志第三十二．選舉一）

元代為進一步加強官方陰陽學對民間的影響、管理、控制及培育，除沿襲宋代、金代在司天監掌管陰陽學及中央的官學陰陽學課程之外，更在地方上增設陰陽學課程（《元史．選舉志一》：「世祖至元二十八年夏六月始置諸路陰陽學。」）地方上也設陰陽學教授員，培育及管轄地方陰陽人。（《元史．選舉志一》：「（元仁宗）延祐初，令陰陽人依儒醫例，於路、府、州設教授員，凡陰陽人皆管轄之，而上屬於太史焉。」）自此，民間的陰陽術士（陰陽人），被納入官方的管轄之下。

至明清兩代，陰陽學制度更為完善。中央欽天監掌管陰陽學，明代地方縣設陰陽學正術，各州設陰陽學典術，各縣設陰陽學訓術。陰陽人從地方陰陽學肆業或被選拔出來後，再送到欽天監考試。（《大明會典》卷二二三：「凡天下府州縣舉到陰陽人堪任正術等官者，俱從吏部送（欽天監），考中，送回選用；不中者發回原籍為民，原保官吏治罪。」）清代大致沿用明制，凡陰陽術數之流，悉歸中央欽天監及地方陰陽官員管理、培訓、認證。至今尚有「紹興府陰陽印」、「東光縣陰陽學記」等明代銅印，及某某縣某某之清代陰陽執照等傳世。

清代欽天監漏刻科對官員要求甚為嚴格。《大清會典》「國子監」規定：「凡算學之教，設肄業生。滿洲十有二人，蒙古、漢軍各六人，於各旗官學內考取。漢十有二人，於舉人、貢監生童內考取。附學生二十四人，由欽天監選送。教以天文演算法諸書，五年學業有成，舉人引見以欽天監博士用，貢監生童以天文生補用。」學生在官學肄業、貢監生肄業或考得舉人後，經過了五年對天文、算法、陰陽學的學習，其中精通陰陽術數者，會送往漏刻科。而在欽天監供職的官員，《大清會典則例》「欽天監」規定：「本監官生三年考核一次，術業精通者，保題升用。不及者，停其升轉，再加學習。如能黽勉供職，即予開復。仍不及者，降職一等，再令學習三年，能習熟者，准予開復，仍不能者，黜退。」除定期考核以定其升用降職外，《大清律例》中對陰陽術士不準確的推斷（妄言禍福）是要治罪的。《大清律例・一七八・術七・妄言禍福》：「凡陰陽術士，不許於大小文武官員之家妄言禍福，違者杖一百。其依經推算星命卜課，不在禁限。」大小文武官員延請的陰陽術士，自然是以欽天監漏刻科官員或地方陰陽官員為主。

官方陰陽學制度也影響鄰國如朝鮮、日本、越南等地，一直到了民國時期，鄰國仍然沿用着我國的多種術數。而我國的漢族術數，在古代甚至影響遍及西夏、突厥、吐蕃、阿拉伯、印度、東南亞諸國。

術數研究

術數在我國古代社會雖然影響深遠，「是傳統中國理念中的一門科學，從傳統的陰陽、五行、九宮、八卦、河圖、洛書等觀念作大自然的研究。……傳統中國的天文學、數學、煉丹術等，要到上世紀中葉始受世界學者肯定。可是，術數還未受到應得的注意。術數在傳統中國科技史、思想史，文化史、社會史，甚至軍事史都有一定的影響。……更進一步了解術數，我們將更能了解中國歷史的全貌。」（何丙郁《術數、天文與醫學中國科技史的新視野》，香港城市大學中國文化中心。）

可是術數至今一直不受正統學界所重視，加上術家藏秘自珍，又揚言天機不可洩漏，「（術數）乃吾國科學與哲學融貫而成一種學說，數千年來傳衍嬗變，或隱或現，全賴一二有心人為之繼續維繫，賴以不絕，其中確有學術上研究之價值，非徒癡人說夢，荒誕不經之謂也。其所以至今不能在科學中成立一種地位者，實有數因。蓋古代士大夫階級目醫卜星相為九流之學，多恥道之；而發明諸大師又故為惝恍迷離之辭，以待後人探索；間有一二賢者有所發明，亦秘莫如深，既恐洩天地之秘，復恐譏為旁門左道，始終不肯公開研究，成立一有系統說明之書籍，貽之後世。故居今日而欲研究此種學術，實一極困難之事。」（民國徐樂吾《子平真詮評註》，方重審序）

現存的術數古籍，除極少數是唐、宋、元的版本外，絕大多數是明、清兩代的版本。其內容也主要是明、清兩代流行的術數，唐宋或以前的術數及其書籍，大部分均已失傳，只能從史料記載、出土文獻、敦煌遺書中稍窺一鱗半爪。

術數版本

坊間術數古籍版本，大多是晚清書坊之翻刻本及民國書賈之重排本，其中豕亥魚魯，或任意增刪，往往文意全非，以至不能卒讀。現今不論是術數愛好者，還是民俗、史學、社會、文化、版本等學術研究者，要想得一常見術數書籍的善本、原版，已經非常困難，更遑論如稿本、鈔本、孤本等珍稀版本。在文獻不足及缺乏善本的情況下，要想對術數的源流、理法、及其影響，作全面深入的研究，幾不可能。

有見及此，本叢刊編校小組經多年努力及多方協助，在海內外搜羅了二十世紀六十年代以前漢文為主的術數類善本、珍本、鈔本、孤本、稿本、批校本等數百種，精選出其中最佳版本，分別輯入兩個系列：

一、心一堂術數古籍珍本叢刊

二、心一堂術數古籍整理叢刊

前者以最新數碼（數位）技術清理、修復珍本原本的版面，更正明顯的錯訛，部分善本更以原色彩色精印，務求更勝原本。并以每百多種珍本、一百二十冊為一輯，分輯出版，以饗讀者。後者延請、稿約有關專家、學者，以善本、珍本等作底本，參以其他版本，古籍進行審定、校勘、注釋，務求打造一最善版本，方便現代人閱讀、理解、研究等之用。

限於編校小組的水平，版本選擇及考證、文字修正、提要內容等方面，恐有疏漏及舛誤之處，懇請方家不吝指正。

心一堂術數古籍 珍本 整理 叢刊編校小組

二零零九年七月序

二零一四年九月第三次修訂

乾為天　乾健原来宅是高宅前宅後路冲多左便寡居轉角路
後抹角胼正相拖更防口舌頭相患夏占長子受災磨
阻滯丁財休不少门風改過自然豪
初爻子水動爻與兩廊修整要均平若使回頭来尅制寡屋無
廊要損丁
二爻寅動亦無精東方搖樹恠災刑旺發家財衰破耗若無破
屋太無情
三爻辰動犯嬰童只因大煞占床中若然好命多生女金神不
助反成空
四爻午動犯门逢人口生災或火星孟夏斷然家不利冬占萬

物漸安寧

五爻申動宜當令秋占必定旺人丁化空入墓動相尅反為老

少受災刑

六爻戌動向潛踪穢骨深藏在地中墻外土神污穢氣求財吉

少也多空

乾為天

乾者健也前後巷路相冲左角單有寡婦相挨潛住宅側類高元

陽有悔轉角前左東胼一膊名曰柱腮星多招是非煩惱憂夭

占則金卦長子不利此宮八卦鬼鍋擊破小口瘡毒

天風姤　此家浮在左边連人口須防五月天散口屋拖後不利

私行门路暗傷殘冬月门官墙破裂陰亡屋後吽哀憐

初爻丑土動災害疊重々女口防災厄土動不興隆土神主也安土大吉

二爻亥動少叮嚀灶君冷落欠威灵若然改旺東廚位人亦添

時財亦興

三爻酉合日交重吩咐梅香搜宅中新旧未知何処甕若無缸

甕金亜公

四爻午動禍来刑小口時災也不停年月日扶加白虎南门回

祿起休驚

五爻申動静則驚白虎加臨損少丁倘若不加財帛破六爻安

静未泻平

六爻戌動石堆多看墻〻外有妖魔门户四時無潔净是非招

惹幾劳嘈

天凤姤

姤者遇也阴亡在外有枉死女人後墻外一撒要倒装不一字過

宅舍槕楂偏歪墜裂左边射角小屋一小门洩氣不聚財多生

女少生男天井两廊欠全近门官墻罅已裂宜修葺

天山遯　遯似人身生惡瘡左边孖屋伴身傍那知骨肉陰亡事

其家血患産中防　二爻當令主過房

初爻艮動子孫遲宅内兒童一定稀灶位必然安不好迁移灶

位勿思疑

二爻午動是重興横窓側射不安寧交發必然两脚灶人家不

可问叮嚀

三爻申動是邪精房床浮石有災刑静則地中藏禁怪只防兒

女有虚驚

四爻午動火星来從新门户兎生災火土命人招疾病不妨痰

病亦傷財

五爻申動路冲財改正家庭不染災四時人借多虛耗久佳（住）聰

明亦似呆

六爻戌動不堪陳病害牽纏偏滿身悪人夜深聲作怪早知根

送兔驚人

天山遯

遯者逃避也杀入中宮致丁財太慘先傷六畜後敗人丁阴亡在门户害妻宮左边鵝公頭尖射巷叉曲後便虛而小巫動名湯藥池久則出人傷病悪犬犯家童中宮牙骨作祟

天地否木否極泄合喜泰来龍泉磨拂旧塵埃須然財帛前無利
一鎖眉頭漸放開當门竹木知多少也應除去不須裁
左边破屋相犯
初爻未靜主吉祥動則丹墀有禍殃天井石頭不美水渠通好
納禎祥
二爻己靜旺人丁動是紅影須赤面星又防蛇恠出人眼户内須
防出外驚
三爻夘木帯官廉莫貪價賤物藏潜查你家中令有害悮受亡
人睡板添
四爻午動禍人家災害須防痘共麻穿達隨時行正道门中人

事要稽查

五爻申静宅安然動則家財慮病連占遇夏時災未動行人歸户到门前

六爻戌動事重々先凶後吉到门中户有迍邅今己泰免教修塹費財空

否者塞也離六合當令當令則吉失令則凶後左一角有塞一门口嬿其局杀後墻高低不平左有一屋近灶有门口相冲床有枝别雾枯来相侵缺角不塹主人骨痛眼疾灶背鬼眼暗窓不宜先凶後吉之象側左水渠不宜阻滞放不着位两頭牵扯不聚財木櫃犯中宫穿底井木我犯中庭主人腹痛

風地观　观者明堂大亦長身有半通半矮墻宅後不宜摇樹影

家中女口夢顛狂更有一门成串字不宜香火近花房

初爻未動不興隆卦中最忌日辰冲神主有時失跌倒若多良

日轉屛封

二爻己静旺人丁動則厨中蛇佐驚騰蛇入户非间事諸事謀

為断不成

三爻卯木帶官廉莫貪價賤物藏潜查你家中今有害悞受亡

人瞠板添

四爻未動不須貪门中美妾少生男餘事门中多順利亥壬癸

日子開顏

五爻已動主流殃出行孤步怕蛟傷遂事求財皆有就家連人

口病無妨

六爻卯動鬼爻與防有懸樑鬼魅驚若遇螣蛇兼虎及先亡繞

害不安寧

風地觀

觀者遠望而獲福也坦角有邪花樹右聘不宜有精氣有害女人

前之明堂小屋墜角不利近花樹小屋名枷號樹又招官訟是

非

山地剝　剝落其家不可當右髆小屋是倒裝水渠橫過不為美人財損耗病童郎悞買亡人刀一把引來外鬼宅中藏婦子連年心腹患災星膿血鬼南方

初爻未動主身傷明堂污穢欠禎祥春占不動與家業夏發無端起禍殃

二爻已靜旺人丁動則灶君座不寧災防小口連妻妾禍犯紅鬚赤面星

三爻卯木主人貪買婦柩櫃物多譭床房杀動难痊病遠人归宅燗衣衫

四爻戌土莫交重靜則安然事事通若動斷然為惡犬只防傷

損你家童
五文子動遇青龍喜氣臨门事〻通最忌日辰冲魁位其家老
少病多凶
六交寅動喜重〻楷上垂多食已通家内出人多長寿田蚕豐
熟主興隆

山地剥
剥者落也如刀剥半去净而後已也一毫难住外来鬼初入宅水
渠一横石停阻主多產难後膊一葉屋篩側不同向名曰生龟
拖死鱉南方短巷直冲腰不宜一發如雷一敗如灰之宅

火地晉　晉宅建得好明堂丁財漸進置田庄独惜前寬居後窄
矮墻修好進賢郎神主常多失跌倒重〻喜事到家堂
二爻鬼當令主過房
初爻未靜主吉祥動則丹墀石不良防有病人根古庙矮墻短
巷路冲傍
二爻己靜旺人丁動是須防回禄寘旺相螣蛇来入屋宅人顛
倒夢魂驚
三爻卯動帶飛廉為貪價賤引邪潜查你家中令有害悞受人
家賸板漆
四爻酉金動不祥家连古砍碓為殃宅内剛強要受害不知進

退不知強

五爻未動福來臨疾病害災且放心六五悔亡失勿恤出行順

利咲吟吟

六爻己動家人愁惡门相咬不勝憂朱雀加臨口舌至青龍又

怕棟樑愁

火地晉

晉者進也此宅堪居二神並立尊卑失序常常跌倒香火戰闹

幸明堂闊左右欠遮伴前高後低後枝子半截一小墻縮角有名

曰債目星

火天大有　大有明堂闊亦深窗兒冲射照来臨時師兼錯羅經

字右边屋角亦相候宅内防人生眼患春冬占宅積

黄金三爻虎臨辰位主白蟻

初爻子位若交重宅左右廊一望出通出行门外多不利二者

同居共门風

二爻寅動不安寧宅中花木不堪停枱架不宜堆重物恐人災

害望难成

三爻辰動犯嬰童日杀加臨犯房中求利求名俱順利青龍持

世主亨通

四爻酉動損家財是非何事到门来家藏古砍人財滯外死帰

魂作禍胎
五爻居未亦中平人口劳碌休不精莫教先日英雄宅日辰魁
制决無情
六爻己動吉反凶招惹陰人入宅中災害多生三四月冬逢照
壁察来踪
火天大有
大有顧也巷口多反跳门外小巷而且紛飛摇頭擺尾形巷不通
濟捶夾暗路冲床蓆难為小口屋欠灶一房门虚陷难住久是
人在屋上久後亡人失故鄉

坎為水　坎卦其家陷且低四無依倚宅孤悽右边低陷當風路
宅堂低缺更人虧莫住江边坑典圳住人過險不消啼
二爻鬼旺過房宅
初爻寅動樹交連東北位犇大參天菓木不知生典死稀財只
為在门前
二爻辰動灶不安若然不動灶凋寒人丁旺不旺財源阻不改
堂改井檷前
三爻午動宅財空眠夲更被火燒燶險処重〻多進退夏天得
卦禍先窮
四爻申動摟家達不潔中宮门有釘暫時逢險雄相伴宅人礼

物要均平
五爻戌動奈来藏化成香火座高堂害汝宅中夫典婦刑傷婑
女及兒郎
六爻子水動交重入宅小人不可逢后墻附牖須修好不是池
塘短巷冲
坎為水
坎者聚也地基太弱左右欠色伴後边虛寒右边土堆積聚又見
屋圍半截形後墻攞裂巷曠蕩右角地不正西方比肅殺之氣
侵

水澤節　節者后栽竹木松遠宜不外近相攻破屋来照無所碍

右孖小屋更形容若住速須宜改過六畜丁財少見凶

初爻己火動交重陋巷深居財物豐左右備修方染患災星出

現在其東

二爻夘木宅松卦若是栽花满宅中宅内人丁須不少營為出

浔興隆

三爻丑動在神前射影含沙事倒顛兄弟相尅生禍乱房床碓

砍動家先

四爻申動宅人傷白虎加臨仔細防不潔日辰门犁過釘门圎

屋及床房

五爻戌動宅悲傷財上耗消决不昌惹禍招非出蕩子日辰逢

兇外厮堂

六爻子水動爻重入宅小人不可逢后墻付𤆬須修好不是池

塘短巷冲

水澤節

節者止也後有竹木揆居廊有長短不齊之象左倉前一小屋未

團圓起又不齊是卦尚可住屋左边单门未利洩氣可換修宅

水雷屯　屯居局促少優游兒眼窓遥照屋愁後有矮屋崩墻射行门若似倒牵牛宅下伏尸神不利屋後有门通盜賊同居别姓不相謀

初爻子水動傷財细把日辰定福災门路亦宜速改過房床梦裏有驚駭

二爻寅動喜春占秋發父爻虎共兼人口不傷憂疾病戊辰年歲禍加添

三爻辰動犯嬰童只因大柰占房中既然数子當頭立五爻全動子孫空

四爻申動小口殃更防妻主人傷门左打釘来掛物除闹免禍

在心腸

五爻戊動大傷人路怕高低剎主身大小貞凶猶可定待其冬

令謝天神

六爻子水動宅內多虛空前後俱水凶看墻不爛路渠冲

水雷屯

屯者遭也难也宅甚起浔局促無舒展受杀後边半截屋攻来短

衢横櫚衢似通望实未適都天杀拱災患連生不免傷轉角路

動冲動灶神七年一次禍災殃

水火既濟　既濟香火有洪恩兩邊花樹自成林门前小屋来相碍宅不安然歳月深燭櫃堂前憂不好眼神多犯自沉吟
初爻卯木宅松封若是栽花滿宅中宅內人丁須不少營為出外淂興隆
二爻丑動病人凶灶位迁移禍不窮靜則安然人口旺貴人来助事亨通
三爻亥水動非輕床下花婆座不寧床脚時常湿怕壞更防兜女受災刑
四爻申動搜家達不潔中宮门有釘暫時逢險难相伴宅人禮

物要均平
五爻戌動土動不祥社路相冲起禍殃宅怕出人多脹腫貪花
出外暗偷香
六爻子水動交来宅前朋友莫交財失物不須懷抱恨恐妨暗
箭落墻来
水火既濟
既濟者爻未濟也前门水渠直撞一石塊攔怪石不宜中堂亦架
停後边外墻俭行小屋两边小屋伴住雖吉独孀起淂遏無蹤
通之路有斋神食素慈心之婦在可也

澤火革　革者半新半旧家形如破竹不須差一座前進又一座

勿令牽連両傍挨赤石穿门西不利滞語人生事似麻

安座土神除去旧是非不到野人家為有神前堂得力

寶炉香藹遇仙誇

初爻夘動是花木不吉菓樹定然竹細把六神分定位恐傷人

口宜迁速

二爻丑土動人凶灶位迁移禍不窮静則安然人口旺貴人来

助事亨通

三爻亥動事非軽床下花婆座不寧床脚時常湿怕壊更妨兒

女受災刑

四爻亥動有烏衣外来帶鬼不為奇穿着夫妻無到老或折花

園子女枝

五爻酉動又逢兄西北高楼向你刑鬼動庙堂冲害汝又摇祠

利不安寧

六爻未動父母臨先亡外死轉还魂恨杀陽居無作主孤魂叔

嬸亦家親

澤火革

革者改革也此宅新更改门路不依旧時但修飾改作可住土神

動左右路有相冲避之此路吉门口帶破碎可修前路难住久

推車字形後日又恁何

雷火豐　豐卦其家大若頻一地两契两堂神木主時常多跌倒

有個無依女喪魂堂上櫓頭拘脚尾尋着除之免禍侵

家内不和憂疾眼更防亡者害家人久住出人有夫妻尾好唱歌

初爻卯動是花木不然菓樹定然竹細把六神分定位恐傷人口宜迁速

二爻丑動宅多凶改灶丁財旺宅中静則休囚灶鏤破因財成病也多凶

三爻亥水動非輕床下花婆座不寧床边有個婆為輕怪四時黑面鑿心誠

四爻午動禍来尋一定之南方赤面侵曲突徙新先有意宅逢災

害要心神
五爻申靜宜當令家堂必定旺人丁若然失令逢凶煞反為老
少受災刑
六爻戌動门潛踪埋藏牙骨在中宮只為土神多穢氣諸事求
謀反見凶
雷火豐
豐者原厚也後有色裹之屋独有孤亡神在後一截一间右賻小
門揷夾前墻有崩擺未修又一暗路私行在後頭门官木柱木
条相犯害人眼目有疼

地火明夷

明夷傷也不須陳鬼叫紫门你不闻骨肉常時損又損不知作禍是誰人或有五癆傷食死或有血衂喪中身或有産中兼月難或有吊頸喪婦魂

家先不得力左边屋角不利行门花木掩映宅有長鍊不潔為禍除乃可

初爻卯動是花木不然菓樹宅然竹细把六神分宅位恐防人口宜迁速

二爻丑静貴人来大旺人丁宅發財空動灶君無蔭祐迁移惹禍根能闹

三爻亥水動其中白蟻门床一食通女子家人招疾病钱財多破慮人窮

四爻丑動羊刄逢鉄刀门上貯中宮久住損人夫與婦居時又怕損孩童

五爻亥動你貪心要人帳被着鬼侵每〻跟随㳂左右只因陽未息心 世

六爻酉動子應逢二者全居是不公鷄母夜啼生怪卵西方大煞占房中

地火明夷

明夷者傷也有繩外来兼練子亡神之物即惹懸樑鬼害女人又主夫妻不和自拆東北方此间屋孤奈侵来出人癆瘵之病羸貞已到妻子难為

地水師　師者其家方又正左便幇添一葉形右膊不通後墻矮
水浸土神座不寧若是從今更改過主人住落十分興
倘有二门相併者官非招惹不安寧　其宅安土神
左便帮添十分吉
初爻寅動剋交連東坊位樹大參天葉末未知生與死掃財只
為在门前
二爻辰動灶不安若然不動灶丟寒人丁不旺財源阻不改堂
前改井欄
三爻午動宅財空眠床帳被火燒燶陰處重重多進退憂夏天
淂卦禍无窮

四爻丑動羊刄逢鉄刀门上貯中宮久住損人夫與婦居時又

怕損孩童

五爻亥動你貪心要人帳被着鬼侵每〻跟隨從左右只因陽

世未息心

六爻酉動子應逢二者仝居是不公鷄毋夜啼生怪夘西方大

煞占房中

地水師

師者衆也屋外右二门口一閙一塞髯曰半藏半露主家童眼疾

後左短墻暗箭攻角左之前担角此间不利吊客星臨门當别

受一孫亡之地添穿心巷花心地

艮為山　艮者其宅不相登后有高樓照此身不是近山还近山

墓後门兇吽你知闹行门不正路牵牛不合水渠兼不

達傷人破相屋门侵 主家長不安宜通水渠

初爻辰動朱雀臨前墻擺裂衣欠安心犯金石頭填不美是非不

惹滿门庭

二爻午動是重與横窗側射不安寧爻發必然两脚灶人家不

可是叮嚀

三爻申動是邪精房床浮石有災刑静則地中藏禁忤只防兒

女有虚驚

四爻戌土莫交重静則安然事了通若動斷然為悪犬只防傷

揖你家童

五爻子動遇青龍喜氣臨门事〻通最忌日辰冲魁位其家老

少病多凶

六爻寅動喜重〻楕上虽多食已通家内出人多長寿田蚕旺

熟主興隆

艮為山

山者山澤通氣也後多近山與山魏楼有水灣水抱下边橋庙最吉

独左右不相稱贊前後之屋未得一字過左輕右長重子不和

左重右輕長子吉次子不利是六冲高大之居不忌

山火賁　賁者丁財理主興汝因及背屋相刑路如暗箭相冲後

揷走門而實不精并有短巷相冲犯恐怕火星有着驚

初爻卯木宅松封若是栽花滿宅中宅内人丁須不少營為出

外浔興隆

二爻丑動在神前射影含沙事倒顛兄弟相尅生禍乱房中碓

砍動家先

三爻亥水動非輕床下花婆座不寧床脚時常湿怕壞更防免

女受災刑

四爻戌土莫交重静則安然事事通若動断然為悪犬只防傷

損你家童

五爻子動遇青龍喜氣臨门事〻通最忌日辰冲魁位其家老
少病多凶
六爻寅動喜重〻楷上虽多食已通家内出人多長寿田蚕旺
熟全興隆
山火賁
賁者增色也雖六合火焚其身棲之久空有霎時之福應之後有
喜長之福臨先凶後吉之象後有暗箭路中空有墻隔之赤似
專害小口前左角屋篩側向不同本宅目下傷一丁後边小屋
漏底门不聚財帛火星到在即後三角地形是十二年火相驚

山天大畜　大畜四水是帰源明堂光朗在人前後边花木伶仃屋壁角左边屋一间　左角掛膊小屋不利後伶行小屋相犯香火無力　六畜少成

初爻子位若交重宅左右廊一望通出行门外多不利二者同居共门凨

二爻寅動不安寧宅中花木不堪停梠架不宜堆重物恐人灾害望难成

三爻艮動犯嬰童只因大煞占房中既然数子當頭立五爻全動子孫空

四爻戌土莫交重静則安然事了通若動断然為悪犬只防傷損你家童

五爻子動遇青龍喜氣臨门事〻通最忌日辰冲尅位其家老少病多凶

六爻寅動甚重〻楷上虫多食已遍家内出人多長寿田蚕旺熟主興隆

山天大畜

畜者聚也尚堪居宅運將起後边水渠滚破長生書曰久之損少亡可比蜜蜂房奚其间隔太多似平局柔值踈通四圍不防明堂廣出人伶俐中宮攞裂可修屋宇始利土水年必興人財

山澤損　損者其家後变吉左边反背屋揆实又是前後不同向
况及左門原不利左右更妨人尋箕家内有井不堪食
少男少女多骨痛手口之灾又不免
初爻己火動交重赤白星辰在宅東但遇火神宜早送免教焚
哭淚珠红
二爻卯動灶不寧廚中碓砍勿留停主人心腹連年痛定然木
板是横乗
三爻丑動吉神扶宅带红紗禍不孤小口生災兄弟怪心誠禳
送出江湖
四爻戌土莫交重静則安然事事通若動断然為悪犬只防傷

損你家童

五爻子動遇青龍喜氣臨门事〻通最忌日辰冲魁位其家老

少病多凶

六爻寅動喜童〻楢上亜多食己通家内出人多長寿田蚕成

熟主興隆

山澤損

損者先損後益之象也左角一散小屋茅厇相兼犯傷妻杀必不

利妻子廓不全濟水渠不流漚脚杀出人腫脹足患右角邪鬼

樹去傷掃財總宜除之可免後殃门口黄魚路不宜行灣弓曲

濶形不可後边寒门前無當駐當頭杀現不堪攻

火澤睽

睽者反背屋不齊兩者相扭有受虧水道不通墻脚湿

中宮門壞可裝輝又恐家人生眼患病者難痊出外帰

異姓同居人口不利六畜不成香火無氣宜改门灶

初爻己火動交重赤白星辰在宅東但遇火神宜早送免教焚

哭泪珠紅

二爻卯動灶不寧廚中碓砍勿留停主人心腹連年痛定然木

枝是横乘

三爻丑動吉神扶宅帶紅紗禍不孤小口生災兄弟性心誠禳

送出江湖

四爻酉動見不祥家莚古砍碓為殃摆動断然人口患地坊安

處決无情

五爻未動主破財一路耗星入戶來神主有時失跌倒祈禳宅

旺不生災

六爻已動不為愁恐人門口咬丞憂只防四月兼三月暴雨狂

風打屋頭

火澤睽

睽者背也有個無眼鬼挨倚门外求飲食久則人一一二效此宜祭

祀禳之三年可消遣有反背屋無情一牵一扯他宅吉我宅凶

我宅吉他宅凶兩廊未見舒不過滑々推宿耳出门半影低墻

半世墻也主妻不到頭折角屋乃不全之居

天澤履　履卦其家后不端二了長巷对行门宅後堆何物不潔
伏尸鬼入勿言寬動則五爻路不順傷亡自縊要週旋
上前家有出外死伏尸即柩屋冲居　或坟墓
初爻己火非動輕静則人家定發丁擺列蛇怪出人目病人不
死送災星
二爻卯動灶不寧廚中砍碓勿留停架壓門官厨土地人口多
災禍患生
三爻丑動吉神扶宅帶红纱禍不孤小口生災兄弟怪心誠禳
送出江湖
四爻午動旺火星来门户徙新免禍胎五月淂時災小口冬占

放下不驚骸

五爻申動旺人丁禍去福来病漸安險極不妨終有吉高頭枕臥在欄杆

六爻戌動問潛踪遺藏牙骨在中宮壓駐土神多穢氣阻滞丁財運不通

天澤履

履虎尾不咥人亨後有伏尸古柩停留双箭巷一長一短並有外死鬼敲门兒童多招瘡毒而歿前墻一突礐耗財星老人必有錯足之患床前上爻加之木不宜停有用之物也

風澤中孚　中孚住宅不知傷黎頭攻射儼然鎗天井石頭浮石

煞恐殘兜女雙雙因填此石驚凶煞更防産女婦有

災殃巷居黄魚肚亦犯一發如雷敗似霜

附近竹林異姓人仝居新添香火得力

初爻己火動交重陋巷深居財物豐左右僯修方染病火星出

現子孫凶

二爻卯動灶不寧厨中砍碓物留停縱使災殃防宅母往東南

遇鬼精

三爻丑動犯門前房床不利禍留連兄弟争財口舌病此時須

要祀家先

四爻未動不須貪立妾成双未喜顏天狗守门不觧去只防留
女不留男
五爻已動主流殃只防蛇怪把人傷螣蛇入宅真不利繞害人
家事不祥
六爻外動帶官興防有墜樑個段驚若遇螣蛇顛倒夢先亡繞
害不安寧
孚者信也以前傷過三丁而後已長子不利杀星攻久住財丁冷
落有冷炉不宜帶有宿星也左右無相伴之居孫寒之地窮源
絕徑人丁少後边側角地一小廁犯天皇位與本宅多招災病
斜流杀拱簷前一竹新壓不宜可除去免害眼痛骨痛

風山漸　漸進之宅可安居左巷冲腰倒不如门官有条横壓物

水渠有石不通踰安添一位神浔力破屋来噴鵲食魚

六爻動主外死帰家

初爻辰動朱雀侵前墻摆裂欠安心犯金石頭停在外口非是

舌到来臨

二爻午火動重與横窗側射不安寧交發必然二脚灶人家不

可仗叮嚀

三爻申動是邪精房床浮石有災刑静則地中藏怪物只防免

女受災驚

四爻未動不湏貪立妾成双未喜顏天狗守门不觧去只防留

女不留男

五爻己動主流殃只防蛇怪把人傷螣蛇入宅真不利繞害人家大不祥

六爻邪動帶官與防有墜樑個段驚若遇螣蛇顛倒夢先亡繞害不安寧

風山漸

漸者進也自左边拆此间屋系星已打来矣渠又倒流欲流於後又欲流於前牽扯相分之渠不聚財原门官一怪木星似乎車骨似乎風櫃有動之木也可請出免招危疽瘓之軀近灶一小崩穴角可塞恐惹蛇藏毒物屋頭歪側欠一字脉

震為雷

震雷之宅敗还只不宜破砍貯中逹後被横冲门口咬或開或閉两不安左右間隔多端異若然要住有書聲後添一葉高低樣恐防孤寡嘆伶仃

家宅口舌　夫妻不和

初爻子水動爻只两廊修整要均平若使回頭来尅制寡屋無廊怕損丁

二爻寅動亦無精東方摇樹怪災刑旺發家財衰破耗若無破屋太无情

三爻辰動犯孩童只因大煞占床中若然好命多生女金神不助反成空

四爻午動禍来刑门迮又怕赤面星一動焚燒休不少静則安
然免事驚
五爻申動要只清不潔中宮门上釘除却旧時安上的更新再
整泻安然
六爻戌土莫交重静則安然百事通若動断然為悪犬只防傷
損你家童
震為雷
雷者動也後墻包泻稠密雖六冲遇春令占之屋得尊嚴後别有
一低墻相兼水浸後墻脚木星浮于東方吉樹也明堂廣惟是
艮位门口不宜雖屬財庫炎惹鬼侵舍内响响動人事不安

雷地豫　豫宅光明第一基丁財兩旺少人知後側小屋茅兼庵
破損竹门應改移去污穢宅大吉二爻身主污穢五爻
鬼主過房
初爻未靜主吉祥動則丹墀石不良防有病人根古庙矮墻短
巷路冲傍
二爻己靜旺人丁動是須防回祿冥旺相縢蛇加入屋宅人顛
倒夢䰟驚
三爻郊動帶飛廉為貪價賤引邪潛查你家中今有害悮受人
家睡校添
四爻午動禍人家災害須防瘟共麻窮達遇時行正道门中人
事要稽查

五爻申静宅安然動則家財慮病連占遇憂時灾未動行人归
户到门前
六爻戌動事重了先凶後吉到门中户有迍邅令已泰免教條
剉費財空

雷地豫
豫者悦也是六合亦三合有六年只運後右膊一小屋鉚口形不
同向犯小兔杀遭拔舌害小口所謂有形無氣即傷殘有氣無
形即生育也

雷水解 解象原来先着凶如今禍去福重〻惟有後居换角屋茅尾参差射其中宅旺名師来改换也知和合財丁豐或用靈符鎮照則人旺財與

初爻寅動樹交連東北位奇大参天菓木不知多與少掃財只為在门前

二爻辰動灶不安若然不動灶丢寒人丁不旺財源阻不改堂前改井欄

三爻午動宅財空眠床更被火燒燶險處重〻多進退憂夭淂卦禍无窮

四爻午動禍人家災害須防痘共麻穷達遇時行正道门中人

事要稽查

五爻申静宅安然動則家財慮病連占遇夏時災未動行人归

户到门前

六爻戌動事重〃先凶後吉到门中户有迍邅今已泰免教修

製費財工

雷水解

解者佳之也羊及去年入中宫妻子必受凶主有羊吊兹者杀星

已退惟有後右边膊咬角小房屋不利有碍本宅一絕一傷空

除之極住不除之美中不足也

雷風恒　宅居近市水邊樓前墻歷亂起高低更兼左右參差様
宅裏还須有石砌作怪豈知惟此石路途執埋帶回帰
將石根送乃可
初爻丑位動災害疊重重小口防有碍土神座不容出入无依
利眠床不可穹
二爻亥動不勝情灶君冷落欠威灵若然安旺東厨位人亦添
時財亦興
三爻酉動日辰同吩咐家童搜宅中房中切莫丢缸甕枕櫃必
藏金亞公
四爻午動禍来刑门前立定赤顏星紅袍光彩来出現早送回

天禍不成
五爻申靜宜當令家道必定之路相刑動則冲凶难老少靜則安
然夏月平
六爻戌動問潛踪遺藏牙骨穢中宮只為土神无助力阻滯丁
財運不通
雷風恒
恒者常久也前後相屋称脱枀此宅天井不宜深淺則有財深財出
財少出門外新損樹照家恩星形久住犯雷轟鬧陽之地男子
必昌吉

地風升　升進家門為不與左前小屋小屋却孖形光彩明堂破

占破形如擺尾屋门迮右边篩側来相碍後虛乭皃生

無寧宅有破錫器為怪

初爻丑位動災害疊重〻小口防有碍土神座不容出入無攸

利眠床不可穹

二爻亥動不勝情灶君冷落欠威灵若然安旺東厨位人亦添

時財亦與

三爻酉動日辰同吩咐家童搜宅中房中内切莫丟缸甕桅槓

必藏金亞公

四爻丑動羊刄逢鉄刀门上貯中宮怕損宅人夫與婦亦恐来

傷女共童

五爻亥動你貪心要人帳被着鬼侵每〻跟隨從左右只因陽

世未息心

六爻酉動子規啼二者全居是不公鷄母夜啼生怪卯酉方大

煞占堂中

地風升

升者進也後边擺側墻撒角冲射〻壞人丁左边小屋孖埋不可

出人破相孖指側頭都為左右尚寒郤太慘新奉一香炉異色

光潤主人大利畧可免禍

水風井　井陷其家孤又飄兩廊頹壩不消除天井石頭傾不美
行门十字路冲腰尚防水厄傾人口又怕水渠不定消
四通八達天堦凹太損人丁財不饒前有塘園宅後水
兩边孤屋草蕭〻
初爻丑土動災害叠重〻小口防有碍土神座不容出入無攸
利䍲床不可寄
二爻亥動不勝情灶君冷落欠威灵若然安旺東厨位人亦添
時財亦與
三爻酉動日辰同吟咐家童捜宅中房内切勿丢缸甕桃櫝必
藏金亜公

四爻申動捜家庭不潔中宮门有釘暫時逢險难相伴宅人礼
物要均平
五爻戌動煞来藏化成香火座高堂害汝宅中夫與妇刑傷婖
女及兒郎
六爻子水動交重入宅小人不可逢后墙附牖須修好不是池
塘短巷冲
水凮井
井者陷也易曰人在井中要欲救之而不淂旧门扇缺角不全秃
巷尾一鎖頭咬角致之不利此宅初造傷人初退小驚心矣後
边三個门口已塞一個矣

澤風大過　大過之居燥烈家被風飄蕩不繁華兩边巷若塞而

達后有半截屋相誇曲尺路而都不利前後不登佳

住亦麻兩姓同居挨西宅住人奸狡决不差

初爻丑位動災害叠重了小口防有碍土神座不容出入無依

利眠床不可彎

二爻亥動不勝情灶房冷落欠威灵若然安旺東厨位人亦添

時財亦興

三爻酉動日辰同吩咐梅香搜宅中房內切莫丟缸甕桄楨必

藏金亜公

四爻亥動有烏衣外来带鬼不為奇穿着夫妻無到老或拆花

園子女枝
五爻酉動又逢兄西北高楼向你刑鬼動庙堂冲害汝又揺祠
映不安寧
六爻未動父母臨先亡外死轉还魂恨杀陽居無作主孫魂叔
嬸亦家親
澤風大過
大過者禍也轉角巷路傾卸後有半截屋不一字過害小口二重
乃止前後俱有墙壆主財帛难聚并後膊伶仃一小屋惹鬼侵
連

澤雷隨　隨順之家吉帶憂東方条路倒牵牛左右两边刑害汝

反背餙側一屋頭　用符鎮煞則吉或用八卦亦可

初爻子水動爻只两廊修整要均平若使回頭来尅制寡屋無

廊怕損丁

二爻寅動亦無精東方摇樹怪災刑旺發家財衰破耗若無破

屋太無情

三爻辰動犯孩童只因大煞占房中若然好命多生女金神不

助反成空

四爻亥動有烏衣外来帶鬼不為奇穿着夫妻無到老或折花

园子女枝

五爻酉動又逢兄西北高樓向你刑鬼動庙堂冲害汝又揺祠

影不安寧

六爻未動父毋臨先亾外死轉还䰟恨杀陽居無作主孫䰟叔

嬸亦家親

澤雷隨

隨者洂也左右及背屋角無情右边不堪住宅他必出寡前之照

眼角池塘一企壄照一坊不利父〻有人外故他鄉路行门倒

行形又不宜小墻掩住可也

巽為風　巽者前後向不同有些崩漏在樑中後有兩間小屋背

傷人連怪作蛇虫

初爻丑位動災害疊重〻小口防有碍土神座不容出入無依

利賬床不可寄

二爻亥動不勝情灶君冷落欠威灵若然安旺東廚位人亦添

時財亦與

三爻酉動日辰同吟咐家童搜宅中房內切勿丟缸甕桅櫝必

藏金亜公

四爻未動主身傷明堂污穢欠禎祥春占不動與家業旻發無

端起禍殃

五爻己靜旺人丁動則灶君座不寧災防小口并妻妾禍犯紅

鬚赤面星

六爻郊動主人貪買帰桭櫃物多譴床房煞動难痊病遠人帰

宅爛衣衫

巽為風

巽者順也後边一小屋相兼左右風行腰门扇欠修墊土神動必

出蛇頭蛇恐傷人抹角風路尖射水渠合出分明可也灶司動

小災侵六冲一起一倒之定宅也

凮天小畜　小畜居住也伶仃前後不各形墻有高低陰土濕恐
招白蟻在中廷左边有路通不達后株花木動非輕
若要安然求穩靜速湏鎮守得安寧
初爻子水動爻只兩廊修整惡均平若使回頭来尅制寡屋無
廊要損丁
二爻寅動亦無精東方摇樹恠災刑旺發家財衰破耗若無破
屋太無情
三爻辰動犯嬰童只因煞大煞占床中若然好命多生女金神
不助反成空
四爻未動主身傷明堂污穢欠禎祥春占不動只家業憂發無

端起禍殃

五爻己靜旺人丁動則灶君座不寧災防小口并妻妾禍犯紅

鬚赤面星

六爻卯動主人貪買帰枝櫃物多譏床房煞動难痊病遠人帰

宅爛衣衫

風天小畜

畜者聚也後边小屋伶仃路轉迢々聚財明堂邑畢後边束膊一

膊轎子形不利犯小兒杀星惟恐有小人侵妬賊星在後而起

女人作害在即

風火家人　家人之宅主同和陰陽濟美共埋窩住扯¹断然多吉利人旺財與事不過但是世人占此兆猶如紅日出東皐　其家宅十分吉兆

独惜後一小屋暗埋如人行而被担移之乃可

初爻夘動是花木不吉菓樹定然竹細把六神分定位恐傷人口宜迁速

二爻丑動貴人来大旺人丁定發財空動灶君無護祐迁移惹禍裉能開

三爻亥水動非輕床下花婆座不寧床脚時常濕怕壞更防免女受災刑

四爻未動主身傷明堂污穢欠禎祥春占不動只家業憂發無
端起禍殃
五爻已靜旺人丁動則灶君座不寧災防小口并妻妾禍犯紅
鬚赤面星
六爻外動主人貪買帰板櫃物多譴床房煞動難痊病遠人帰
宅燗衣衫
家人者一家之人也陰陽相濟此宅堪居丁財日盛奈星已退惟
惡犬犯家童六畜有損耳後墻之外一小屋無氣射後主人久
々心腹不安幸香火得力有不潔骨近门宮之處可尋除之免
人眼目受災

風雷益　益家後損不言差後後屋換埋似落花渠口便有深水凶

須早填高免事麻孕婦亦防胎有墜男郎身怕染痨誇

其宅先有益後有損背有小屋換埋不利

初爻子水動爻與丙廊修剗要均平若使回頭来尅制寡屋無

廊要損丁

二爻寅動亦無精東方揺樹怪災形旺發家財衰破耗若無破

屋太無情

三爻辰動犯嬰童只因大煞占床中若然好命多生女金神不

助反成空

四爻未動主身傷明堂污穢欠禎祥春占不動與家業憂發無

端起禍殃

五爻動旺人丁動則灶君座不寧災防小口并妻妾禍犯紅鬚

赤面星

六爻外動主人貪買归板櫃物多諫序房煞動难痊病遠人归

宅焗衣衫

風雷益

益者損也宅内小口多膿血之災後边邪花艸近傍惹鬼杀不利

長二傷過幼丁而後罷不然者速避乃吉

天雷无妄　无妄天災住不如居家終日嘆愁次只因後有散口

屋亡字形容害你居小口不安憂痛哭住人染病未

闹餘所以门向而受制枉你劬勞走亦虛

初爻子水動爻與兩廊修整要均平若使回頭來尅制寡屋無

廊要損丁

二爻寅動亦無精東方搖樹怪災刑旺發家財衰破耗若無破

屋太無情

三爻辰動犯嬰童只因大煞占床中若煞好命多生女金神不

助反成空

四爻午動犯門逹人口生災或火星孟夏斷煞家不利冬占萬

物漸安寧
五爻申動宜當今秋占必定旺人丁化空入墓動相尅反為老
少受災刑
六爻戊動問潛踪穢骨深藏在地中墻外土神汚穢氣求財吉
少也多凶
天雷无妄
無妄者天災也有個女亡死於非命今者陰魂雪反害人丁早宜
用法制治免後人丁有虧後一折角小屋冲来廉貞主事害女
人勢不免也

火雷噬嗑

噬嗑咬牙排兩間后新门口有相残宅有旧枱不潔净天堦浮石歎机闵况后土堆坭似墓右有二门口相残家中男女多水炭檻前昆玉少言談

初爻子水動文与兩廊修整要均平若使回頭来尅制寡屋無廊要損丁

二爻寅動亦無精東方搖樹怪災刑旺發家財衰破耗若無破屋太無情

三爻辰動犯嬰童只因大煞占床中若然好命多生女金神不助反成空

四爻酉動見不祥家逢古砍碓為殃摆動断然人口禍地方安

雾决無情

五爻未動也為蓰蓯或空或破日辰冲神主時常反跌倒若多安座轉屏封寒食忌辰動祭祀兒孫世代淂英雄

六爻己動不為愁恐人门口咬还憂只防四月兼三月暴雨狂

風打屋頭

火雷噬嗑

噬嗑者咬牙也右边二门口相串後边樹星搖頭此宅必出道士應之典降覡酧恳随断因此卦旺相々生之理也人事者一子可任兄弟同居多有執拗相嗔之義

山雷頤

頤養家門最益寿丁財兩字四時愁右短不通疑有碍
地甚偏歪也还憂後虗又遇反背屋其形好似倒牵牛
惧買亡命刀一把恐害嬰兒兩淚流

初爻子水動爻與兩廊修整要均平若使回頭来尅制寡屋無
廊要損丁

二爻寅動亦無精東方揺樹怪災刑旺發家財衰破耗若無破
屋太無情

三爻辰動犯嬰童只因大煞占床中若然好命多生女金神不
助亦成空

四爻戌土莫交重静則安然事了通若動斷然為悪犬只防傷

損你家童

五爻子動遇青龍喜氣臨门事〻通最忌日辰冲魁位其家老少病多凶

六爻寅動喜童〻楷上虽多食已通家内出人多長寿田蚕旺熟主興隆

山雷頤

頤者含也二巷一短巷相冲後不通左边反背屋害人丁小门犯灶神宅招頓惱三门閙前之门吉後门閉之司也免洩氣太過难興

山風蠱　蠱之事宅欠参詳恐防白蟻暗藏樑屋角有丢缸甕放
後逢凸額屋来鎗亦恐家人瘡悪患又防積食五癆傷
于合不信後来看
初爻丑土動災害疊重了小口防有碍土神座不容出入無攸
利眠床不可穹
二爻亥動不勝情灶君冷落欠威灵若然安旺東厨位人亦添
時財亦興
三爻酉動日辰同吩咐家童捜宅中房内切勿丢缸甕桄櫃必
藏金亜公
四爻戌土莫交重静則安然事了通若動斷然為悪犬只防揚

損你家童
五爻子動遇青龍喜氣臨门事〻通最急日辰冲尅位其家老
少病多凶
六爻寅動喜重〻楢上虫多食已通家内出人多長寿田蚕成
熱主興隆
山凮蠱
蠱者壞而有也事白蟻到家即臨床蓆擺裂左凮射角男女蠱脹
血疝之病前墻壓額有墜標之患有危墻可修

離為火　離麗居者濶明堂未燃柴艸焆著〻后地一頭濶亦寬
左弱青龍右虎強右边屋伴東南壁後左虛空欠伴傍
内貯亡人刀一把恐傷嬌女及兒郎
初爻卯動是花木不然菓樹定然竹細把六神分定位恐傷人
口宜迁速
二爻丑動貴人来主旺人丁共發財空者灶君唔在位交動新
修是美哉
三爻亥動禍非輕床下花婆座不寧床脚時常濕怕壞更防兇
女受災刑
四爻酉金動不祥家迮破砍也為殃占着早除成大利不俱諸

事断然昌

五爻未動也為萑或空或破日辰冲神主時常反跌倒若多安

座轉屏封寒食忌辰勤祭祀兒孫世代得英雄

六爻已動不為愁恐人门口咬丞憂只防四月兼三月暴雨狂

風打屋頭

離為火

離者文明之象後有三尖坑六冲一發如雷一敗如灰後右边空

虚風路打来宅内受凶妻有災明堂廣濶

火山旅　旅宅左便有惡星黎頭攻射不安寧有間犯屋还居右并立新居向你刑亦恐出入妨壞脚左边反背屋来征倘有外方添住者并来不久有哭聲

初爻辰動朱雀侵前墻擺裂欠安心犯金石頭停在外是非口舌到来臨

二爻午火動重與横窗側射不安寧交發必然二脚灶人家不可是叮嚀

三爻申動是邪精房床浮石有災刑靜則地中藏怪物亦防兜女受災驚

四爻酉動見不祥家逢破砍也為殃占着早除成大利不俱諸

事斷然昌

五爻未動也為從或空或破日辰冲神主時常反跌倒若多安

座轉屏封寒食忌辰勤祭祀兒孫世代得英雄

六爻己動不為愁恐人门口咬还憂只防四月兼三月暴雨狂

風打屋頭

火山旅

旅者伴也吊客也孤寡在左傍居離六冲先凶後吉之象此宅長

子不利後墻歪斜自結一所之局明堂細小门口倒裂遭是非

害六畜

火風鼎　鼎定其家吉又祥香炉新換十分昌於今玉女盈門立
應旺財源子女強住居四照俱無碍出門行巷亦湾長
謾道家人康與泰更言世俗也名揚
初爻丑位動災害疊重〻小口坐防有碍土神座不容出入無
攸利眠床不可窮
二爻亥動不勝情灶居冷落欠威灵若然安旺東厨位人亦添
時財亦興
三爻酉動日辰同吩咐家童摟宅中房内切勿丢缸甕枕櫃必
藏金亜公
四爻酉金動不祥家逄破砍也為殃占着除去成大利不俱諸

事斷然昌
五爻未動也為從或空或破日辰冲神主時常反跌倒若多安
座轉屏封寒食忌辰勤祭祀兒孫世代濕英雄
六爻已動不為愁恐人门口咬还憂只防四月兼七月暴雨狂
風打屋頭
火風鼎
鼎者定也新奉香炉帶瑞氣主壽益丁好個局面前边左右二膊
相挨趲埋遮一角形受制用符制駐免害日後丁財

火水未濟　未濟门中本聽錢兩边屋角射来偏明堂却被人門撞水渠有石是三尖中逢有個爛枱櫃兩廊頹腐欠新鮮只因大煞中逢座害尔家人兩不全要祭煞免損丁財

初爻寅動犇交連東北位樹大參天菓木未知生與死掃財只為在门前

二爻辰動灶不安若然不動灶丟寒人丁不旺財源阻不改堂前改井爛

三爻午動宅財空眠床帳被火燒燶陰處重下多進退憂天浔卦禍无窮

四爻酉動見不祥家逢破砍也為殃占着早除成大利不俱諸

事斷然昌
五爻未動也為從或空或破日辰冲神主時常反跌倒若多安
座轉屏封
六爻已動不為愁恐人门口咬还憂只防四月兼七月暴雨狂
風打屋頭
火水未濟
未濟者終須濟〻者遇也水渠一反一卸一章一扯中堂不宜木
架停鬼刀入宅横石枕渠後一鵞公頭尖焰射後角其宅銀錠
腰形两頭濶中间窄些不一向也住落漸吉

山水蒙　蒙昧家门暗待明後有株樹掃財星中宮墙有枯骨遺
左边暗凸水星形後便有间破爛屋傷人浮腫病非輕
北方女妖侵人口三年一度見哭聲裉送女妖鎮照所犯大吉
初爻寅動𡘦交連東方位樹大參天果木不知生與死掃財只為在门前
二爻辰動灶不安若然不動灶丢寒人丁不旺財源阻不改堂前改井欄
三爻午動宅財空眠床帳被火燒爨險霎重々多進退憂天淂卦禍无窮
四爻戌土莫交重靜則安然事々通若動斷然為惡犬只防傷

損你家童

五爻子動遇青龍喜氣臨门事〻通最忌日辰冲尅位其家老

少病多凶

六爻寅動喜重〻槽上畜多食已通家内出人多長寿田蚕旺

熟主興隆

山水蒙

蒙者昧也後靠影臨若遠則不忌近則陰氣盛女多男少中宮不

潔骨遺禁害女人前墙壓額養猪不遂左边小〻半影墙挨動

有外死他鄉之鬼在無依倚作祟在即

風水渙　渙散其家吉帶凶左黎頭射不從容二水合流墻心濕脚水渠有石早宜通東方有樹吉無利小口刑傷恨不窮外流坑水黄泉位阻滞財源事不遂（各犯不美丁財有阻者要安庫宜祀六神）

初爻寅動𡚒交連東北位樹大參天果木不知生與死掃財只為在門前

二爻辰動灶不安若然不動灶丟寒人丁不旺財源阻不改堂前改井爛

三爻午動宅財空眠床帳被火燒燶險霧重重多進退夏天瀉卦禍无窮

四爻未動主身傷明堂污穢欠禎祥春占不動興家業夏發無

端起禍殃

五爻己動旺人丁動則灶君座不寧災防小口并妻妾禍犯紅

鬓鬚赤面星

六爻邪動主人貪買归板櫃物多譭床房煞動难痊病遠人归

宅蝴衣衫

凨水涣

涣者散也小口受制不獨一場而止还未了也冷淡之居久住冷落妻子大害不避者禍日生矣後撤角屋相射右边水渠直撞不聚聚財丁前边左右小屋倒裂紛飛之屋又不齊全

天水訟

訟者其家被害人左黎頭射不堪闹前之右门来咬角

恐犯私人陰計君恪謹是非兼口舌小人千萬要関心

往来謹慎黎頭及咬角相犯鎮照大吉

初爻寅動犇交連東北位樹大參天果木不知多與少掃財只

為在门前

二爻辰動灶不安若然不動灶丢寒人丁不旺財源阻不改堂

前改井㯭

三爻午動宅財空眠床帳被火燒燶險處重〻多進退夏天潟

卦禍死窮

四爻午動犯门連人口生災或火星孟夏斷然家不利冬〻占萬

物漸安寧
五爻申動宜當令秋占必定旺人丁化空入墓動相尅反為老
少受災刑
六爻戌動向潛踪穢骨深藏在地中墻外土神污穢氣求財吉
少也多凶
天水訟
訟者論也左边鵝公頭射来如鎗柰星到是非日近因出门一门
咬角此乃遭官非口舌之门也不宜门扇窒損前左角空虛臨
絕地并轉東脖壆犯使不利財神但遇當令則吉失令則凶

天火同人　同人親也四圍通形似棋盤一樣同獨惜後边虛些角修平一遍也無空但然修塹成方正免阻丁財運不通　其宅湏美　家内和同　崩角不利　修平乃吉

初爻卯動是花木不然葉樹定然竹細把六神分定位恐傷人口宜迁速

二爻丑動貴人来主旺人丁共發財空者灶君唔在位交動新修是美哉

三爻亥動禍非輕床下花婆座不寧床脚時常濕怕壞更防免女受災刑

四爻午動犯门達人口生災或火星孟夏斷然家不利冬占萬

物漸安寧
五爻申動宜當令秋占必定旺人丁化空入墓動相尅反為老
少受災刑
六爻戌動向潛踪穢骨深藏在地中墻外土神汚穢氣求財吉
少也多凶
天火同人
同人者頹也後墻修不埋又見踈一角修埋可也一樑相犽或剥
添前门直撞两廊欠修左右路相行〻亦曠蕩此宅不長遠〻
則長子受凶有外来旧碰不利碰神主人心腹不安

坤為地　坤順其家欠遮風后居短巷又来冲右边有土高堆凸
屋壁不全犯宅中免至女多男子少婦人有寿不英雄
其宅欠遮風　短巷并不全屋相犯　用符鎮照大吉
初爻未静主吉祥動則丹墀石不良防有病人根古庙矮墻短
巷路冲傍
二爻己静旺人丁動是須防回禄異旺相螣蛇加入屋宅人顛
倒夢䰟驚
三爻卯動帶飛亷為貪價賤引邪潜查你家中今有害悮受人
家𪽁板添
四爻丑動羊刄逢鉄刀门上貯中宫久住損人夫與婦居時又

怕損孩童

五爻亥動你貪心要人帳被着鬼侵每々跟隨從左右只因陽

世未息心

六爻酉動子應逢二者全居是不公鷄母夜啼生怪卯酉方大

煞占房中

坤為地

坤者順也老人也旺女不旺男地多土燥右边土堆崩墻照曜大

石柱形左右不宜此僑出人産难地下有石三磚墜胎星也巷

無閑欄门樓欠修土神弱出门半影墙高低不平右边屋照宜

修

地雷復　復者其家宅近與前墻高聳壓中遮況前并有交加木
门楼不整欠叮嚀後便路而横似直看来好似水蛇形
右便有屋參差向路若丁形在左傾其家不利少婦居寡須宜鎮照各犯乃可
初爻子水動爻與兩廊修整要均平若使回頭来尅制寡屋無
廊要損丁
二爻寅動亦無精東方揺樹怪災刑旺發家財衰破耗若無破
屋太無情
三爻艮動犯嬰童只因大煞占床中若然好命多生女金神不
助反成空
四爻丑動羊刄逢鉄刀门上貯中宫久住損人夫與婦居時又

怕損孩童

五爻亥動你貪心要人帳被着鬼侵每〻跟隨從左右只因陽

世未息心

六爻酉動子應逢二者全居是不公鷄母夜啼生怪卯西方大

煞占房中

地雷腹

腹者反也是六合宅運漸興所嫌後長椈品字门口對射幸板子

一截當駐畧制此星不然吉中藏凶之象巷一反一曲不宜行

動又有別姓亡神挨在後即日有壞星神到宅

地澤臨　臨大之家若似花太多門口有些差左边風路搖枝幹

右遮伴屋利亞誇陰人侵害如流水財帛不歸似落花

防出瘰癧兼崩口運坭培土始生芽

左腰有曲尺路故不聚財而招口舌又動陰人侵箕

初爻乙火動交重赤白星辰在宅東但遇火神宜早送免教焚炙淚珠紅

二爻卯動灶不寧厨中碓砍勿留停主人心腹連年痛定然木板是横乘

三爻丑動吉神扶宅帶紅紗禍不孤小口生災兄弟怪心誠禳送出江湖

四爻丑動羊及逢鉄刀门上貯中宫怕損宅人夫與婦亦恐来

傷女共童

五爻亥動你貪心要人帳被着鬼侵每々跟随從左右只因陽

世未灰心

六爻酉動子規啼二者全居是不公鷄毋夜啼生怪卵西方大

煞占堂中

地澤臨

臨者大也猪仔飲乳屋者何也因前边门口朝门口太多洩氣太

過小口多招瘡毒與是非此宅家弟相讓之居不然轉契增添

之業尚堪居住後大興發香火宜低合式

地天泰　泰者家門運轉通水渠直放欠情濃看你天堦深若砍

主人步履不從容人丁怕損連三命比人父母作家翁

害人足疾兼浮腫孩兒水色怕身終東方大煞占灶恐足疾水色之災

初爻子水動爻與兩廊修砌要均平若死回頭来尅制寡屋無

廊要損丁

二爻寅動亦無精東方揺樹怪災刑旺發家財衰破耗若無破

屋太無情

三爻辰動犯嬰童只因大煞占床中若然好命多生女金神不

助及成空

四爻丑動羊刄逢鉄刀门中貯中宮怕損宅人夫與婦亦恐来

傷女共童

五爻亥動你貪心要人帳被着鬼侵每〻跟隨從左右只因陽

世未灰心

六爻酉動子應忠二者全居是不公鷄母夜啼生怪卵西方大

煞占堂中

地天泰

泰者通也天井太陷陰濕之局幸六合三級屋地形尚可安居独

是當時有個水沉鬼未消常〻挨停门外久〻害人丁前局吉

下関社神淂力一坊之勝

雷天大壯　大壯之宅莫長樓四通八達乱紛紛飛前有色藏後欠倚弱者难當壯者虧左边有井猶不利汝地还高他更低後連細屋如拖仔人丁傷害实难為屋傍伐株驚妖怪樹頭今剩在於坭

初爻子水動爻巽两廊修整要均平若死回頭来尅制寡屋無廊怕損丁

二爻寅動亦無精東方摇樹怪災刑旺發家財衰破耗若無屏破屋太無情

三爻辰動犯嬰童只因大煞占床中若然好命多生女金神不助便成空

四爻午動犯门迍人口生災或火星孟夏斷然家不利冬占萬
物漸安寧
五爻申動宜當令秋占必定旺人丁化空入墓動相尅反為老
少受災刑
六爻戌動向潛踪穢骨深藏在地中墻外土神汚穢氣求財吉
少也多凶
雷天大壯
壯者志也地則土高屋宇高嚴不忌六冲後边斬損樹去枝金日
占者當時當有樹尽斬伐矣尚有樹頭左有一葉挨埋射角致
不利

澤天夬　夬決其宅非極遠右边缺角風冲腰後逢破屋如多口

家人憂慮不蕭條观尔行门不正東墻低秃屋債星播

況且地基宅運蹇怕損嬰兒速鎮煞

初爻子水動爻與兩廊修整要均平若使回頭来尅制寡屋無

廊要損丁

二爻寅動亦無精東方揺樹怪災刑旺發家財衰破耗若無破

屋太無情

三爻辰動犯嬰童只因大煞占床中若煞好命多生女金神不

刧便成空

四爻亥動有烏衣外来帶鬼不為奇穿着夫妻無到老或拆花

困子女枝

五爻酉動又逢兄西北高楼向你刑鬼動庙堂冲害汝又搖祠
影不安寧

六爻未動父母臨先亡外死轉还魂恨杀陽居無作主孤魂叔
嬸亦家親

澤天夬

夬者決也缺陷之居人丁受害杀星已到不避者夫妻不安汝边
缺角平陷相门口不全之居外面修好可住破碎杀攻男子出
入早晚慎不測之禍書曰飛刄到家刀藥亡身

水天需　需宅先暗而後明中宮门外半弓形最喜左边開一膊

此圖原是聚財星後居淂意凴扶倚揷夾门免被耗精

主人心腹疼和痛刀鎗留貯在中逹

初爻子水動爻與兩廊修砌要均平若死回頭来剋制寡屋無

廊怕損丁

二爻寅動亦無精東方搖樹怪災刑旺發家財衰破耗若無破

屋太無情

三爻辰動犯嬰童只因大煞占床中若然好命多生女金神不

助便戌空

四爻申動搜家逢不潔中宮门有釘暫時逢險难相伴宅人礼

物要均平
五爻戌動煞来藏化成香火座高堂害汝宅中夫與妇刑傷婆
女及兒郎
六爻子水動交重入宅小人不可逢后墻附㘩須修好不是池
塘短巷冲

水天需
需者雲而下雨萬物生爲今宅運凶去吉来奈星去年流到今巳
過矣且無事溲边短不齊巷又不通濟水渠塞名曰滬脚奈欠
則人有病腫脹有一樣布色不染

水地比　比者屋後向不同前戶匕形運不公路似倒牽牛惡走
傍埋小屋不從容後有土墻築一半也新也舊不同宗
有條巷若牛角煞不犯妻時怕害童
初爻未靜主吉祥動則丹墀石不良防有病人裉古庙矮墻短
巷路冲傍
二爻已靜旺人丁動是須防回禄冥旺相螣蛇加入屋宅人顛
倒夢魂驚
三爻夘動帯飛廉為貪價賤引邪潛查你家中今有害悞受人
家睚柸添
四爻申動搜家產不潔中宮门有釘暫時逢險难相伴宅人礼

物要均平
五爻戌動煞来藏化成香火座高堂害汝宅中夫典妇刑傷婑
女及兒郎
六爻子水動交重入宅小人不可逢后墻附煽須修好不是池
塘短巷冲
水地比
比者利也後有二小屋俱反背一角壓梳未浔脱杀前边左右一
角梳所謂前壓後撞局氣也牵扯路不宜轉角形地位不方正
雖住久屋捺角杀兒女無不冷落

兑為澤　澤象其家把瓦差後居散口屋相誇不然一葉廊来照

恐傷男少盛嬌花獨孀屋後停污穢莫非陰宅是喪家

或出破相兼崩口見難言語滯欠精華

初爻巳火動交重赤白星辰在宅東但遇凶神宜早送免教焚炙淚珠紅

二爻卯動灶不寧廚中破砍勿留停主人心腹連年痛定煞木板是橫乘

三爻丑動吉神扶宅帶紅紗禍不孤小口生災兄弟怪心誠根送出江湖

四爻亥動有烏衣外来帶鬼不為奇穿着夫妻無到老或拆花

国子女枝
五爻酉動又逢兄西北高楼向你刑鬼動庙堂冲害汝又摇祠
影不安寧
六爻未動父母先臨亾外死轉还魂恨杀陽间無作主孤魂叔
嬸亦家親
兑為澤
兑者長也後边小屋咬角兩分墙摇頭擺尾形前之轉角巷未必
前墙裂側鬼鍋必然擊破主害小口憂天占之大不利女亡擾
宅刀双外来不可畄

澤水困　困厄之兆動难寬好似奇花栽上盤須然四水帰源局幹芽忽受枉週旋前墻有破如雀口中宮木煞掌司權或停木櫃長生貯怕害童郎及婢娟　宜祀五雷符吉

初爻寅動𣝣交連東北位樹大參天果木不知多典少掃財只為在门前

二爻辰動灶不安若然不動灶君寒人丁不旺財源阻不改堂前改井檷

三爻午動宅財空眠床帳被火燒爙險霧重々多進退夏天淂卦禍无窮

四爻亥動有烏衣外来带鬼不為奇穿着夫妻無到老或拆花

囯子女枝

五爻酉動又逢兄西北高樓向你刑鬼動庙堂冲害汝又搖祠

影不安寧

六爻未動父母臨先亡外死轉逑䰟恨杀陽间無作主孤䰟叔

孀亦家親

澤水困

困者乏也中宮木櫃不可停書云推車入堂見其床不見其妻泣

涕漣〻如盆栽花难發丁財巷不通後边尚虚些门官不浔力

灶司無安禍日侵

澤地萃　萃者其家後花木前有路冲真正毒撞夾门兇家不利

兩廊倘燗好修速可延五雷神鎮座家逢老少全忌沐

初爻未静主吉祥動則墀丹石不良防有病人根古庙矮墻短

巷路冲傍

二爻巳静旺人丁動是須防回禄冥旺相螣蛇加入屋宅人顛

倒夢魂驚

三爻卯動帶飛廉為貪價賤引邪潜查你家中今有害悞受人

家睚板添

四爻亥動有鳥烏衣外来帶鬼不為奇穿着夫妻無到老或拆

花园子女枝

五爻酉動爻逢兄西北高樓向你刑鬼動庙堂冲害汝又搖祠
影不安寧
六爻未動父母臨先亡外死轉还䰟恨杀陽间無作主孤䰟叔
嬸亦家親
澤地萃
萃者聚也後边竹樹挨居地基弱不發丁財一年傷二丁喪門已
到矣後左倒牽牛路不成叉似曠蕩孤零之宅出眼無瞳人蛇
星動早晚阌防恐咬着人後一小屋相挨一葉無情突兀

澤山咸

咸者後巷兩歪斜左边照煞受吁嗟并逢小屋来傷咬

半屋挨埃埋恰似蛇外壁高低而不一左边渠水儼如

車屋形足效田鋤口门扇傷人却為邪

初爻艮動朱雀侵前墻擺裂久安心犯金石頭停在外是非口

舌到来臨

二爻午火動重与横窗側射不安寧交發必然二脚灶人家不

可是叮嚀

三爻申動是邪精房床浮石有災刑静則地中藏怪物只防免

女受災驚

四爻亥動有烏衣外来帯鬼不為奇穿着夫妻無到老或拆花

囯子女枝

五爻酉動又逢兄西北高樓向你刑鬼動庙堂冲汝害又摇祠

影不安寧

六爻未動父母臨先亾外死轉还䰟恨杀陽间無作主孤䰟叔

嬸亦家親

澤山咸

咸者皆也此宅尚吉觀天杀去年流到今已脫去独係左膊一小

氹形係漚脚杀又曰湯藥池也近门官小门口不利姑私秤不

可别人之物也左边屋頭冲射照過来主人多骨痛可用符制

駐後永利

水山蹇　蹇难之宅後伶仃左右凸凹不相称门前有缺明堂破
怕汝家人都受刑亦防破相夙癱脚滞語人生為不精
只因冲犯南方煞速宜禳送第宅只
初爻辰動朱雀侵前墙擺裂久安心犯金石頭停在外是非口
舌到来臨
二爻午火動重只横窗側射不安寧交發必然二脚灶家人不
可是叮嚀
三爻申動是邪精房床浮石有災刑静則地中藏怪物只防鬼
女受災驚
四爻申動搜家逢不潔中宮门有釘暫時逢險难相伴宅人礼

物要均平

五爻戌動煞来藏化成香火座高堂害汝宅中夫典妇刑傷婘

女及兇郎

六爻子水動交重入宅小人不可逢后墻附煵須修好不是池

塘短巷冲

水山蹇

蹇者足疾也實难居住病脚魔王上卦宅内男女多有足痛骨疽

眼目俱有受灾後边宜閙通不宜塞孃其局煞有二神主不安

尊卑失序反害家人

地山謙　謙前门口也傷心後之左樹木煞侵左边後地偏無正

恐惹官非口舌臨只害宅前右门口怕動陰人計害深

宅前右门口及後左木煞不利

初爻辰動朱雀侵前墻擺裂欠安心犯金石頭停在外是非口

舌到来臨

二爻午火動重與横窗側射不安寧交發必然二脚灶人家不

可是叮嚀

三爻申動是邪精房床浮石有災刑静則地中藏怪物只防兒

女受災驚

四爻丑動羊刄逢鉄刀门上貯中宫久住損人夫與婦居時又

怕損孩童

五爻亥動你貪心要人帳被着鬼侵每々跟隨從左右只因陽

世未灰心

六爻酉動子應逢二者全居是不公鷄母夜啼生怪卯酉方大

煞占房中

地山謙

謙受益也謙々君子出人伶俐慈祥惟是出门你我门口不宜角

边右髆枷䏲樹不可一小屋相兼是也近灶背木枷相犯即外

亦花樹搖連惹男氣并床中有二木板相侵主人骨痛

雷山小過　小過前後不相平建起猶如丁字形右边轉角無欄
阻左膊原来是債星独怒兒童招悪患只因水煞犯
中逹　此宅主財帛小口不利鎮煞大吉
初爻辰動朱雀侵前墙擺裂不安心犯金石頭停在外是非口
舌到来臨
二爻午火動重只横窗側射不安寧交發必然二脚灶人家不
可是叮嚀
三爻申動是邪精房床浮石有災刑静則地中藏怪物只防兒
女受災驚
四爻午動犯门逹人口生災或火星孟憂斷然家不利冬占萬

物漸安寧

五爻申動宜當令秋占必必定旺人丁化空入墓動相尅反為

老少受災刑

六爻戌動問潛踪穢骨深藏在地中墻外土神汚穢氣求財吉

少也多凶

雷山小過

小過者亦禍也後屋小前屋大前後俱有突膊轉角又欠一把截

土神门楼欠修必然害小口傷亦未了也右边黄魚肚何也两

頭尖中间大久久犯火星本灶又一灶相碍離開可也

雷澤歸妹

帰妹之家本是新初建可能隐得身若是旧居然尽卦猶如老妇少生人兩造居屋平架楷後居同向也相侵但是古居長住者少見陽人多見陰

旧居阴極　宜寡妇居　新居速迴　六神守護

初爻巳火動非輕東西赤鬚須到家逢遇此凶星速早送免焚宅舍淚頻傾

二爻卯動灶不寧厨逢破砍莫留停主人心腹疼和痛定然木枝是橫乘

三爻丑動吉神離隨帶紅紗実惨悲此星入宅非闲小害尔人家喜又悲

四爻午動犯门庭人口生災或火星孟夏断然家不利冬占萬
物漸安寧
五爻申動宜當令秋占必定旺人丁化空入墓動相尅反為老
少受災刑
六爻戌動向潛踪穢骨深藏在地中墻外土神污穢氣求財吉
少也多凶
妹者女之称阴盛阳衰不利丁財久住必出孤寡有子速可避有
亦难受二女同夫何以生發阴翳之地白蟻又来棟宇歪側孤
亡臨地基断〻不能久住淺墻脚室裂天井幜撒折翼屋有左
無右襯可速别居書曰孤陰不生独陽不長不生是謂絕地也

32	命學探驪集	【民國】張巢雲	發前人所未發 稀見民初子平命理著作
33	澹園命談	【民國】高澹園	
34	算命一讀通——鴻福齊天	【民國】不空居士、覺先居士合纂	
35	子平玄理	【民國】施惕君	
36	星命風水秘傳百日通	心一堂編	
37	命理大四字金前定	題【晉】鬼谷子王詡	源自元代算命術
38	命理斷語義理源深	心一堂編	稀見清代批命斷語及活套
39－40	文武星案	【明】陸位	失傳四百年《張果星宗》姊妹篇 千多星盤命例 研究命學必備
相術類			
41	新相人學講義	【民國】楊叔和	失傳民初白話文相術書
42	手相學淺說	【民國】黃龍	民初中西結合手相學經典
43	大清相法	心一堂編	重現失傳經典相書
44	相法易知	心一堂編	
45	相法秘傳百日通	心一堂編	
堪輿類			
46	靈城精義箋	【清】沈竹礽	沈氏玄空遺珍 玄空風水必讀
47	地理辨正抉要	【清】沈竹礽	
48	《玄空古義四種通釋》《地理疑義答問》合刊	沈瓞民	
49	《沈氏玄空吹虀室雜存》《玄空捷訣》合刊	【民國】申聽禪	
50	漢鏡齋堪輿小識	【民國】查國珍、沈瓞民	
51	堪輿一覽	【清】孫竹田	失傳已久的無常派玄空經典
52	章仲山挨星秘訣（修定版）	【清】章仲山	章仲山無常派玄空珍秘 門內秘本首次公開 沈竹礽等大師尋覓一生末得之珍本！
53	臨穴指南	【清】章仲山	
54	章仲山宅案附無常派玄空秘要	心一堂編	
55	地理辨正補	【清】朱小鶴	玄空六派蘇州派代表作
56	陽宅覺元氏新書	【清】元祝垚	簡易・有效・神驗之玄空陽宅法
57	地學鐵骨秘　附　吳師青藏命理大易數	【民國】吳師青	釋玄空廣東派地學之秘
58－61	四秘全書十二種（清刻原本）	【清】尹一勺	玄空湘楚派經典本來面目 有別於錯誤極多的坊本